AUX ÉLECTEURS.

INSTRUCTION

SUR LA NOUVELLE LOI ÉLECTORALE.

AIDE-TOI, LE CIEL T'AIDERA.

IMPRIMERIE DE GUIRAUDET,
RUE SAINT-HONORÉ, N° 315.

AIDE-TOI, LE CIEL T'AIDERA.

AUX ÉLECTEURS.

INSTRUCTION

SUR LA NOUVELLE LOI ÉLECTORALE.

Il y a un an, lors de l'esclavage de la presse périodique, nous nous sommes adressés à vous pour vous annoncer le combat que vous alliez bientôt livrer. Nous demandions à votre courage, à votre dévouement, des efforts proportionnés aux périls qui menaçaient l'ordre constitutionnel. Mal protégés par des lois incomplètes et ambiguës, dénués de garanties contre la fraude et la violence ouverte, votre activité et votre constance vous ont fait déjouer le grand complot tramé contre toutes nos libertés. Mais cette preuve de votre zèle patriotique, de votre vertu politique, avait été acquise à trop grands risques. L'imprévoyance de la loi vous forçait à acheter par trop d'efforts l'exercice libre et consciencieux de vos droits. Aussi le premier vœu de la France, le premier soin de ses mandataires, a-t-il été de prévenir le renouvellement d'une épreuve si dangereuse. Une loi a été rendue, qui met sous votre surveillance annuelle la confection de la liste des électeurs et du jury. Vous allez être très prochainement appelés à exercer d'une manière régulière ce droit de contrôle, qui jusqu'ici vous était souvent contesté, et toujours soumis, dans son application, aux difficultés sans cesse renaissantes d'une procédure dont la marche n'était pas légalement tracée. Actuellement que les élections ne peuvent plus se faire par surprise, actuellement que la loi elle-même est pour vous un guide clair et précis dans les contestations et les difficultés électorales, notre rôle de conseillers bénévoles semblerait terminé; toutefois ce n'est pas seulement pour vous féliciter des meilleures circonstances dans lesquelles les élections dernières ont placé la France, que nous nous adressons à vous aujourd'hui.

Vous voilà en face d'une loi dont vous avez appelé de tous vos vœux les principales dispositions. Dans cette loi nouvelle est tout l'avenir du pays; de l'usage qu'il en sera fait dépend et la conservation et le perfectionnement de nos institutions actuelles. Vous devez tous avoir cette confiance que des listes fausses et incomplètes pourraient seules produire des élections d'où sortirait une chambre hostile à la liberté! Maintenez la vérité et l'exactitude rigoureuse de ces listes, et toute crainte doit être bannie de voir la chambre des Députés en désaccord avec l'opinion publique. Aussi ne pouvez-vous, cette année, apporter trop de soins et de zèle dans l'exercice de la surveillance qui vous est confiée par la loi. Qui peut prévoir les événements les plus prochains? Qui sait si les listes faites cette année ne serviront pas à une réélection. Mettez-vous en mesure le plus tôt possible. Ne laissez aucun calcul se fonder sur votre négligence. Qu'on ne puisse encore une fois tenter la fortune avec l'espoir de vous surprendre.

Mais, quelque éloignées que puissent être les prochaines élections, quand bien même la chambre actuelle devrait accomplir sa carrière légale, appliquer tous vos soins au contrôle des listes de cette année est pour vous un devoir aussi impérieux, une nécessité également pressante. Songez à la lutte de l'année dernière, à vos généreuses clameurs contre les fraudes des agents de l'autorité, à vos justes plaintes contre l'absence de garanties qui laissait vos droits méprisés et violés. Par la rectification de cette année se jugeront et vos plaintes et vos reproches. Par cette rectification s'appréciera la véritable force de l'opinion nationale. On pourra juger ce qu'elle eût produit si son expression eût été plus libre. Montrez que ces garanties par vous réclamées ne sont pas dans vos mains des armes inhabiles à vous protéger, que vous savez vous en servir, et pour assurer à jamais au pays des élections pures et sincères, et pour faire constater les mensonges des listes de l'an dernier.

Pour exercer avec plus de facilité et d'efficacité à la fois votre droit de contrôle et de surveillance, maintenez les associations électorales fondées l'an dernier, formez-en de nouvelles. Ce n'est plus aujourd'hui que nous avons besoin de prouver leur légalité et leur utilité. Leurs services avaient été trop grands pour que justice éclatante ne leur fût pas rendue à la tribune des deux chambres. On leur a seulement conseillé de se dissoudre, en proclamant que leur tâche glorieuse était accomplie. Tant que l'on aura à suspecter la bonne foi des agents de l'autorité ; tant qu'il sera impossible d'avoir confiance entière en leur impartialité, la nécessité des associations électorales sera toujours la même. Et aujourd'hui pouvez-vous avoir à bon droit cette confiance ? Pouvez-vous compter sur d'autres que sur vous-mêmes ? Vos préfets feront peut-être amende honorable : tant mieux. Mais quelques uns auraient trop lourde besogne, s'ils voulaient réparer toutes leurs erreurs ; il y aura charité à les aider de tous vos efforts.

En réglant la procédure électorale, en déterminant ses formes d'une manière précise, la nouvelle loi assujettit les réclamants à des conditions qui rendraient la plupart du temps infructueux tous les efforts isolés et les démarches particulières. Vous ne parviendrez à une rectification réelle et certaine des listes que si vous mettez en commun vos lumières et vos efforts. Tel électeur connaît le droit électoral, est au fait des formes de la procédure ; tel autre connaît les individus, est au courant des mutations opérées, des changements survenus dans les droits par vente, donations, etc. Le premier ne pourrait apprécier les erreurs de la liste ; le second ne saurait comment obtenir la réparation des erreurs qu'il découvrirait ; il rencontrerait à chaque pas des difficultés qui le rebuteraient. Associés, ils se guideront et s'éclaireront mutuellement.

Des individus qui peuvent concourir à la rectification des listes.

Aucune nouvelle justification n'étant nécessaire pour être maintenu sur la liste des électeurs ou du jury, l'individu inscrit l'an dernier n'a plus à s'occuper de sa propre inscription. Il peut donner tous ses soins à la rectification de la liste. La loi nouvelle a exclusivement réservé aux électeurs et aux jurés le droit de contrôle. Eux seuls peuvent réclamer des inscriptions, des radiations, des rectifications. Eux seuls peuvent exiger des percepteurs des contributions directes, moyennant 25 centimes par extrait de rôle concernant le même contribuable, tout certificat négatif (1) ou tout extrait des rôles de contribution.

Cependant toute participation à la confection des listes n'est pas interdite aux autres citoyens. De nombreux moyens leur sont encore laissés d'aider très efficacement les jurés électeurs. Sans parler des renseignements qu'ils peuvent fournir pour faire apprécier les erreurs des listes, des pièces constatant ces erreurs, qu'ils peuvent réunir en se faisant délivrer des extraits des registres publics de l'état civil et de l'enregistrement, ouverts à tous les citoyens, il leur est laissé un puissant moyen de concourir au travail de la rectification électorale. Tout citoyen majeur peut agir comme mandataire. Les droits du mandataire sont absolument les mêmes que ceux du mandant. Que les citoyens qui n'ont pas la capacité électorale s'occupent spécialement de l'inscription des électeurs

---

(1) Le certificat négatif délivré par le percepteur est un certificat constatant que tel individu inscrit sur la liste comme payant des contributions dans un arrondissement de perception n'y paie réellement aucune contribution.

négligents. Munis d'une simple procuration sous seing-privé, ils peuvent faire tous les actes tendant à obtenir cette inscription. En outre, l'électeur ou le juré peut déléguer son droit de poursuivre soit des radiations, soit des inscriptions, soit des rectifications, à un citoyen non électeur qui a plus de zèle ou de facilité. En ce cas il est nécessaire que dans la procuration, qui peut toujours se donner sous seing-privé, soient désignés nominativement les individus dont le mandataire est chargé de réclamer l'inscription ou la radiation. Une délégation vague et générale du droit de réclamer et de poursuivre n'aurait aucune valeur. Une procuration semblable leur donnera le droit de se faire délivrer des extraits des rôles de contributions directes.

Organisation et repartition du travail.

La tâche confiée à tous ne s'accomplit pas ou s'accomplit mal. Répartissez entre tous les électeurs associés le travail qu'exige le contrôle des listes. Il est nécessaire qu'au chef-lieu s'établisse un comité central, puisque là est le centre des affaires électorales. A ce comité aboutiront tous les renseignements, toutes les pièces. Les membres de ce comité seront mieux placés pour adresser les réclamations au préfet lorsqu'il y aura lieu. Que dans chaque canton un ou plusieurs associés électeurs ou autres soient chargés d'envoyer au comité central tous les renseignements qu'ils pourront se procurer sur la partie de la liste concernant le canton, et de réunir au besoin les pièces à l'appui des réclamations.

Si les relations du chef-lieu avec tous les cantons du département ne sont pas assez fréquentes et habituelles, que des comités intermédiaires s'établissent au chef-lieu d'arrondissement.

Travail préparatoire.

L'œuvre de la rectification de cette année se compose de deux parties bien distinctes :

1° Ce qu'on peut appeler la rectification ordinaire, c'est-à-dire le retranchement de ceux qui ont perdu le droit électoral, l'addition de ceux qui l'on acquis depuis les dernières élections.

2° La rectification extraordinaire, c'est-à-dire la réparation des erreurs de l'an dernier.

Faux électeurs.

Electeurs véritables omis ou rayés.

Electeurs dont les contributions avaient été diminuées ou augmentées pour faire entrer les uns au grand collége et en écarter les autres.

Les électeurs ne doivent pas perdre de vue cette première rectification des temps ordinaires. Cependant comme cette année il n'y a pas eu de dégrèvement, et que les changements survenus depuis l'an dernier par acquisition ou perte du droit électoral, probablement peu nombreux, auront été réclamés par les comités de canton, il est nécessaire que les électeurs donnent tous leurs soins à la rectification extraordinaire, beaucoup plus importante sous tous les rapports.

Comme les délais de la nouvelle procédure sont assez longs, et les formalités assez multipliées, pour n'éprouver aucune perte de temps, et bien mettre à profit tout l'intervalle compris entre la première apparition des listes, le 15 octobre (1), et la clôture définitive, le 16 décembre, les membre du comité central s'efforceront de connaître à l'avance toutes les erreurs des listes de l'an dernier. Munis d'un exemplaire de ces listes, ils noteront toutes les rectifications dont les renseignements qu'ils se seront procurés leur feront juger ces listes susceptibles. Ils devront même communiquer officieusement au préfet, pendant qu'il fait son travail du 1er septembre au 15 octobre, tous ces renseignements. Ils pourront

(1) Les époques de toutes les opérations électorales fixées par la loi ont été, pour cette année, reculées de deux mois. Les opérations préparatoires des comités de canton du mois de juin ont eu lieu au mois d'août. La première affiche des listes du 15 août aura lieu le 15 octobre, ainsi de suite.

ainsi lui épargner des erreurs qu'il faudrait ensuite faire rectifier par la voie de la réclamation légale.

La réclamation légale du 15 octobre au 30 novembre ne met aucun obstacle aux réclamations officieuses auprès du préfet pendant qu'il fait son travail. L'électeur qui a été omis l'année dernière, l'électeur dont toutes les contributions n'ont pas été inscrites, devront s'efforcer d'être réintégrés dans leurs droits par le préfet sur la liste affichée le 15 octobre.

Nécessité de posséder les listes nouvelles.

L'art. 7 de la nouvelle loi (2 juillet 1828) ordonne de déposer, au secrétariat de toutes les mairies, des sous-préfectures, et de la préfecture, et de communiquer à tout individu :

La première liste générale du 15 octobre ;

Les quatre tableaux de rectification des 30 octobre, 15 et 30 novembre, 16 décembre.

Mais il est en outre nécessaire aux électeurs plus spécialement occupés du contrôle des listes de les posséder pour en prendre une connaissance plus complète. Les électeurs du chef-lieu, dès que la liste du 15 octobre aura paru, tâcheront de s'en procurer un certain nombre d'exemplaires. Ils auront soin d'en envoyer aux électeurs des chefs-lieux d'arrondissement. S'ils ne peuvent obtenir un nombre d'exemplaires suffisant, il leur sera nécessaire de faire imprimer cette liste sous un format commode. Tout imprimeur a droit (art. 27 de la nouvelle loi) d'exiger communication des listes, de les imprimer et de les mettre en vente.

Réunion des pièces.

Dès qu'ils posséderont la nouvelle liste, et qu'ils en auront constaté les erreurs en la comparant avec l'ancienne liste, le travail préparatoire, et les renseignements qu'ils s'efforceront de se procurer encore, les électeurs des comités s'occuperont immédiatement de réunir toutes les pièces :

Actes de l'état civil ;

Extraits de rôle et certificats négatifs des percepteurs ;

Extraits des registres de l'enregistrement ;

Certificats délivrés par les maires de possession ou de non-possession annale, et autres qui justifient les demandes d'inscription, de radiation et de rectification.

Ils s'adresseront aux électeurs de chaque canton chargés de procurer les pièces des registres du canton.

Lorsque les différentes pièces à l'appui de chaque réclamation seront réunies, ils feront notifier, au nom d'un ou de plusieurs membres du comité, chaque réclamation à celui qu'elle concerne.

De la notification.

La nouvelle loi (art. 15) exige que tout électeur réclamant inscription, radiation ou rectification quelconque, notifie sa réclamation à la partie intéressée. L'accomplissement de cette formalité est de toute rigueur. La réclamation ne serait pas reçue au secrétariat-général de la préfecture, si le réclamant n'y joignait la preuve de la notification.

La notification se fait par le ministère d'un huissier. Tous les huissiers du domicile de l'individu à qui la notification doit être faite sont tenus de prêter leur ministère. Si par hasard ils refusaient, il faudrait s'adresser au président du tribunal de première instance, qui en commettrait un.

La notification contiendra :

La date des jours, mois et an ;

Les noms, profession et domicile du réclamant ;

La mention de la procuration, si le réclamant agit comme mandataire ;

Les noms, demeure et immatricule de l'huissier ;

Les noms et demeure de celui à qui la notification est faite.

Elle énoncera sommairement l'objet et les motifs de la réclamation.

La notification doit être faite au domicile de celui que la réclamation concerne. S'il n'a pas domicile réel dans le département, la notification sera faite au domicile qu'il a dû élire en fixant son domicile politique dans le département.

Copie de la notification lui sera laissée, et il est tenu de viser l'original.

S'il ne se trouve personne au domicile réel ou politique de celui à qui la notification est faite, ou s'il n'a pas fait élection de domicile politique, la copie sera laissée au maire ou à l'adjoint de la commune, qui visera l'original.

Les frais d'une notification se bornent à 2 fr. 50 c. : 2 fr. pour l'original et 50 c. pour la copie. Ces frais ne seront supportés par le réclamant que si sa réclamation est rejetée par le préfet et par la cour royale. Il n'est absolument nécessaire de recourir à la notification que dans les cas où il s'agira :

De faire rayer un faux électeur ;

De faire diminuer les contributions d'un électeur inscrit pour une somme trop forte.

Lorsqu'il s'agira de provoquer l'inscription d'un électeur ou d'un juré, ou de faire élever la cote de ses contributions à son taux réel, il sera plus facile et plus expéditif d'obtenir de lui une procuration. La plupart des électeurs qui par négligence ne se font pas inscrire cèdent à la plus simple démarche que l'on fait auprès d'eux. Il faut réserver les notifications, les formes de la procédure et de l'instance pour ceux qui ne veulent pas être portés sur les listes, même quand on se chargerait pour eux de tous les soins de l'inscription. Les membres du comité central devront à cet effet se faire délivrer une procuration de tous les ayant-droit qu'ils présument devoir négliger de se faire inscrire.

Remise des pièces au secrétariat général.

La réclamation, signée par le réclamant ou son fondé de pouvoirs, sera remise avec toutes les pièces à l'appui et l'original de la notification au secrétariat-général de la préfecture. Il n'est pas nécessaire que ce soit le réclamant lui-même qui porte sa réclamation. Dès qu'elle est signée de lui ou de son fondé de pouvoirs, le secrétaire-général est tenu de l'inscrire, à la date de la présentation, sur un registre ouvert à cet effet à partir du 15 octobre. Il doit donner récépissé de la réclamation et de toutes les pièces à l'appui. Ce récépissé énoncera la date et le numéro de l'enregistrement. (Art. 10.)

Le registre du secrétariat général ne sera ouvert que depuis le 15 octobre, jour de l'affiche de la première liste, jusqu'au 30 novembre à minuit. Toute réclamation qui ne serait pas portée au secrétariat général avant le 30 novembre à minuit ne serait pas reçue. Le préfet ne pourrait même faire droit à une réclamation qui n'aurait pas été enregistrée au secrétariat général, quand bien même il la croirait fondée. Depuis le 15 octobre, jour où il publiera sa première liste, il ne pourra opérer que les rectifications qui lui seront réclamées dans les délais et suivant les formes voulues par la loi nouvelle.

De la décision du préfet.

Le préfet est obligé de statuer sur une réclamation dans les cinq jours de l'enregistrement de cette réclamation au secrétariat général de la préfecture. Dans le cas où la réclamation est faite par un tiers, et où par conséquent la notification est faite à celui que la réclamation concerne, le préfet ne peut statuer avant l'expiration des dix jours qui suivent celui de la notification. Ce temps est laissé à l'individu contre lequel on réclame pour sa réponse. En outre, lorsque le temps fixé pour cette réponse (dix jours) est expiré, le préfet n'en a pas moins cinq jours pour rendre sa décision.

Toute décision portant refus d'inscription, ou radiation, doit être notifiée par le préfet à celui qu'elle concerne.

Toute décision rejetant une demande en radiation ou en rectification doit être notifiée et à celui qu'elle concerne et à celui qui avait réclamé la radiation ou la rectification.

Dans tous les cas la décision doit être notifiée dans les cinq jours qui suivent le jour où la décision a été rendue.

Ainsi, l'électeur ou le juré qui réclame l'inscription d'un tiers ne reçoit aucune réponse du préfet. Il ne connaît officiellement la décision du préfet, qu'elle ait fait droit à sa réclamation ou qu'elle l'ait rejetée, que par l'affiche des tableaux de rectification.

L'électeur ou le juré qui réclame la radiation d'un tiers ou la rectification de l'inscription d'un tiers, c'est-à-dire la diminution ou l'augmentation de la somme de ses contributions, ne reçoit pas la réponse du préfet si sa réclamation est admise. La décision du préfet ne lui est notifiée que lorsque sa réclamation est rejetée en tout ou en partie. Cette décision doit lui être notifiée par le préfet, au plus tard dans les vingt jours qui suivent celui où la notification a été faite (1). S'il ne reçoit aucune notification de décision du préfet le vingtième jour, il devra considérer sa réclamation comme admise.

La longueur de ces délais doit rendre pour les électeurs tous les moments bien précieux et leur faire une obligation impérieuse de réunir à l'avance tous les renseignements et documents.

Lorsqu'une réclamation est pendante devant le préfet, celui qui l'a formée peut toujours déposer au secrétariat général de nouvelles preuves et de nouvelles pièces à l'appui de sa réclamation. Il peut toujours aussi aller demander au secrétariat général communication des pièces qui ont pu être fournies contre sa réclamation (article 15, 5e paragraphe). Dans le cas où la décision du préfet n'accueillerait pas sa réclamation, il sera ainsi mieux à même de juger s'il doit appeler de cette décision devant la cour royale.

De l'appel des décisions du préfet.

Tout individu qui avait droit de présenter au préfet une réclamation pourra attaquer devant la cour royale la décision du préfet qui aura rejeté sa réclamation :

Sauf toutefois dans le cas où il s'agit d'une demande en inscription faite par un tiers. Dans ce cas l'individu seul dont l'inscrip-

---

(1) Dix jours pour la réponse de la partie intéressée ; cinq jours pour la décision du préfet ; cinq jours pour la notification de cette décision.

tion est réclamée peut interjeter appel. C'est un nouveau motif, pour ceux qui s'occuperont de faire inscrire leurs concitoyens peu zélés, de choisir le mode de procuration, en ayant soin de faire insérer dans la procuration la faculté de poursuivre devant la cour royale.

Tout appel devant la cour royale doit être interjeté dans les dix jours qui suivent celui où a été reçue la notification de la décision du préfet contre laquelle on se pourvoit.

La citation doit être faite au préfet si l'appelant poursuit son inscription, sa radiation, ou une rectification qui le concerne.

Elle doit être faite au préfet et au tiers intéressé si l'appelant poursuit la radiation d'un tiers, ou une rectification concernant un tiers.

Si la citation n'était pas faite dans les dix jours, tout droit à l'appel serait perdu, et la réparation de l'erreur ne pourrait être obtenue que l'année suivante.

La citation ne peut être donnée que pour le délai de huitaine. Cependant dans le cas d'urgence, lorsque la liste définitive va être close, l'appelant peut obtenir du président de la cour royale la permission d'assigner à bref délai.

Lorsque l'appelant se pourvoit contre une décision qui l'a rayé de la liste, ou qui lui a attribué une contribution moindre que celle pour laquelle il était précédemment inscrit, son appel aura un effet suspensif (art. 19), c'est-à-dire que la notification de l'exploit introductif d'instance faite au préfet annulera la décision du préfet qui prononçait la radiation ou la diminution de contribution. En conséquence, si avant que l'arrêt ne soit rendu le préfet publie un tableau de rectification ou la liste définitive, il est obligé de réintégrer l'électeur rayé et de rétablir la quotité de contributions de l'électeur auquel il avait attribué une contribution moindre que celle pour laquelle il était précédemment inscrit.

Les formes de la procédure devant la cour royale sont très simples, très expéditives et n'entraînent d'autres frais que ceux de la citation. La cause sera jugée sommairement, toutes affaires cessantes, et sans qu'il soit besoin du ministère d'avoué. Les actes judiciaires auxquels elle donnera lieu seront enregistrés gratis. L'affaire sera rapportée en audience publique par un des membres de la cour et l'arrêt prononcé après que le ministère public aura été entendu (art. 18, 4e paragraphe).

Si l'arrêt annule la décision du préfet, il faut lui notifier cet arrêt sans perte de temps. Il est obligé de faire immédiatement sur la liste la rectification qui aura été prescrite par l'arrêt.

L'on ne saurait trop vivement recommander aux électeurs de ne pas négliger de se pourvoir devant la cour royale contre les décisions du préfet qui ne leur paraîtraient pas justes. La loi a encouragé par toutes ses dispositions les appels devant la cour royale. Ils doivent profiter des facilités de la loi pour maintenir leurs droits, assurer la vérité des listes, et fixer la jurisprudence encore incertaine sur quelques points du droit électoral. Dans le cas même où une question importante jusqu'ici controversée a été résolue contre eux, ils ne doivent pas hésiter à former le pourvoi en cassation. Là ils recevront de la loi nouvelle la même protection. Égale célérité de jugement, absence de frais; ils n'auront qu'à s'adresser à Paris, à des avocats à la cour de cassation, ou à d'autres citoyens; les membres de la société *Aide-toi le ciel t'aidera* seront toujours disposés à donner tous leurs soins à ce qui pourra intéresser les électeurs des départements.

Que tous les électeurs se pénètrent bien profondément de l'importance de la rectification de cette année! Que tous ceux qui ne sont pas sur les listes s'y fassent réintégrer; que tous ceux qui n'y sont pas inscrits pour toutes leurs contributions y fassent rétablir leur véritable cens. Qu'ils fassent rayer les faux électeurs et les poursuivent dans tous les degrés de juridiction, qu'ils fassent diminuer la cote des électeurs qui par un cens faux avaient été portés sur la liste du grand collége, et ils pourront attendre l'avenir avec confiance.

www.ingramcontent.com/pod-product-compliance
Ingram Content Group UK Ltd.
Pitfield, Milton Keynes, MK11 3LW, UK
UKHW020500220726
13923UKWH00006B/2677

9 782019 242749